LES PLUS MYSTÉRIEUSES ÉNIGMES DU MONDE

Farid TATEM

IX

LES PLUS MYSTÉRIEUSES
ÉNIGMES
DU MONDE

UN DÉFI À VOTRE INTELLIGENCE,
500 ÉNIGMES CHOISIES,
LUDIQUES ET CONVIVIALES

*« …TENTEZ VOTRE CHANCE !
VOUS NE GAGNEREZ JAMAIS
PAR HASARD… »*

Édition : BoD – Books on Demand
12/14 rond-point des Champs-Élysées, 75008 Paris
Impression : Books on Demand GmbH, Norderstedt, Allemagne
ISBN : 978-2-3221-2891-4
Dépôt légal : mai 2019

« …LE TITRE DE L'OUVRAGE CONSTITUE UNE CLÉ PERMETTANT DE RÉSOUDRE TOUTES LES ÉNIGMES… »

Préface

Cher ami,

Depuis le début des temps, l'homme aime les jeux de réflexion pour mettre à l'épreuve son intelligence et la finesse de son esprit. Les énigmes, dont les définitions obscures cachent leurs réponses par un voile aussi diabolique que génial, nous transportent dans le monde du mystère et de l'aventure, et résoudre l'une de ces énigmes nous procure un plaisir infini qui nous rapproche du divin.

L'une des plus célèbres énigmes de l'Histoire reste celle du Sphinx qui permit à Œdipe de se sauver d'une mort certaine, uniquement grâce à la réflexion de sa pensée. Ainsi, ai-je voulu rendre hommage à cet épisode mythologique dans la couverture de mon livre.

Ce premier tome d'une longue série contient 500 énigmes littéraires, issues d'une base record de plus de 25 000 énigmes originales. Le titre, cela ne vous a pas échappé, est lui-même une énigme...

Pour trouver le mystère qui s'y cache, je peux vous dire que ce titre est sans doute le meilleur indice que je puisse vous offrir pour résoudre n'importe quelle énigme en ce monde.

Avez-vous trouvé ? Oui, il s'agit bien d'indice !

(IX : UN DIX).

J'espère que ces énigmes et les suivantes vous procureront autant de plaisir que j'ai eu à les créer.

Amusez-vous bien !

Farid Tatem

1/ Il est la pensée d'un seul et pourtant il est la sagesse de tous.
Quel est-il ?

Le proverbe

2/ Lorsque l'art sera canonisé, ce vol sera dénoncé.
Qui est-il ?

Le larcin
(l'art saint)

3/ Changer ce vêtement revient à changer de direction.
Qui est-il ?

La cape
(changer de cap)

4/ C'est votre quête et pas celle d'un autre qui vous permettra de trouver le nom de ce modèle réduit.
Qui est-il ?

La maquette
(ma quête)

5/ Elle est l'industrie du crime contre l'humanité.
Qui est-elle ?

La guerre

6/ La recette secrète pour obtenir cette idée est simple : tout d'abord du thé, ajoutez de l'eau et enfin du riz.
Qui est-elle ?

La théorie
(thé/eau/riz)

7/ Notre premier indice est une lettre plurielle.
Notre second indice ne vaut pas grand-chose sur un échiquier.
Notre solution est un clandestin.
Qui est-il ?

L'espion
(l's / pion)

8/ Il est un miroir qui nous rappelle le passé.
Qui est-il ?

Le rétro
(rétroviseur)

9/ Seul votre ex saura vous mettre sur la voie de cet abus.
Qui est-il ?

L'excès
(l'ex sait)

10/ Il vous faudra deux bonnes notes pour trouver le nom de ce vêtement qui nous permet de chanter sous la pluie.
Qui est-il ?

Le ciré
(si ré)

11/ Il fait office de cloche dans l'islam.
Qui est-il ?

Le muezzin
(religieux musulman appelant à la prière)

12/ Dès l'instant où le temps lâchera un pet, vous trouverez le nom de cette grande agitation.
Qui est-elle ?

(temps pète)
La tempête

13/ Il est un prénom féminin qui inonde de lumière celui qui le porte.
Qui est-il ?

(l'aura)
Laura

14/ Parmi les chiffres, on ne déchiffre que ce chiffre qui n'a jamais servi.
Quel est-il ?

Neuf

15/ Il est un bonbon qui nous fait prendre conscience du temps qui passe.
Qui est-il ?

Tic tac

16/ Si cet objet dentelé est à vous, alors le monde vous appartient.
Qui est-il ?

(monde entier)
Mon dentier

17/ La vache doit se concentrer au maximum pour faire ce lait.
Qui est-il ?

Le lait concentré

18/ Notre premier indice est bronzé.
Notre deuxième indice est un poisson, voisin du chien.
Notre troisième indice est un oui à la façon de Goethe.
Notre solution loue le Seigneur.
Qui est-elle ?

Alléluia
(balé/loup/ya)

19/ On tape dedans si l'on est musicien.
On tape dedans si l'on est malhonnête.
Qui est-elle ?

La caisse

20/ Depuis qu'il a acquis la nationalité allemande, ce berger a une vie de chien.
Qui est-il ?

Le berger allemand

21/ Il est un siège royal pour se soulager.
Qui est-il ?

Le trône

22/ Entre deux extrêmes, il ne rassemble que des bandits.
Qui est-il ?

Le milieu

23/ Celui qui veut monter tout en haut se repose sur elle qui est tout en bas s'il ne veut pas s'effondrer en cours de route.
Qui est-elle ?

La base

24/ Cette grotte est au milieu de tout.
Qui est-elle ?

L'antre
(entre)

25/ Il est un abri construit par les poules en plein milieu de nos routes.
Qui est-il ?

Le nid-de-poule

26/ Venu d'ailleurs, il est entre chien et loup.
Qui est-il ?

La conjonction de coordination « ET »
(personnage du film ET)

27/ Quand il est courbé par l'eau, il est redressé par notre raison.
Qui est-il ?

Le bâton

28/ Ce chat couvert d'or est recouvert d'un voile.
Qui est-il ?

Le tchador
(chat d'or)

29/ Vous la trouverez en une seconde quand il faut dix mois à un ado pour la faire.
Qui est-elle ?

La seconde

30/ Pour trouver le nom de ce solitaire, il ne vous faudra qu'un seau et de l'eau.
Qui est-il ?

Solo
(seau l'eau)

31/ Sa maison ne peut pas brûler, elle a un pare-feu.
Sa vie ne tient qu'à un fil, celui du câble Ethernet.
Il ne tombe jamais malade, il a un antivirus.
Qui est-il ?

Le geek
(mot désignant un adepte des nouvelles technologies)

32/ Tous les collégiens sont contraints de conjuguer avec cette région d'Afrique du Nord.
Quelle est-elle ?

Le bled

33/ Notre premier indice est un genre musical.
Notre second indice est un coup gagnant au tennis.
Notre solution est un oiseau.
Qui est-il ?

Le rapace
(rap/ace)

34/ Seules vos tresses pourront vous aider à trouver le nom de cette enseignante bien aimée.
Qui est-elle ?

La maîtresse
(mes tresses)

35/ Pour trouver celle qui nous permet de nous élever, vous devrez chercher un homme orgueilleux au fin fond de la Mongolie.
Qui est-elle ?

Montgolfière
(Mongol fier)

36/ Je suis un son qui sonne comme une facture.
Qui suis-je ?

La note

37/ Il est le cocktail le plus explosif qui soit.
Qui est-il ?

Le cocktail Molotov

38/ Il vous faudra treize valeurs refuges et pas une de plus pour trouver le nom de ce magot.
Qui est-il ?

Le trésor
(treize or)

39/ Ils sont tout près, vraiment tout près de ce que tu cherches. Dans leur passé plein de glorieuses conquêtes, ils sont tout de même des cons qui t'adorent.
Qui sont-ils ?

Les conquistadors
(Les cons qui t'adorent)

40/ Il vous faudra choisir entre la ville d'Oran et rien d'autre que le temps pour trouver le nom de cet animal.
Qui est-il ?

L'orang-outan

41/ Ce vêtement est unique.
Quel est-il ?

Tunique
(Est unique)

42/ Au moment même où la première personne sera canonisée, vous trouverez l'animal que vous cherchez.
Qui est-il ?

Le singe
(saint je)

43/ À cause de cet animal sauvage, les Japonais ne peuvent pas dire qu'ils n'ont pas de monnaie.
Qui est-il ?

La hyène
(yen=monnaie du Japon)

44/ Lorsque, à la fin, il ne restera que la ville d'Oran, vous trouverez le lieu que vous cherchez.
Qui est-il ?

Le restaurant
(reste Oran)

45/ Pour trouver le nom de ce chevalier, vous devrez lancer en l'air deux molécules d'hydrogène et une molécule d'oxygène.
Qui est-il ?

Lancelot
(lance l'eau)

46/ Il vous faudra sept colins pour trouver le nom de ces bottes.
Qui est-il ?

Les bottes de sept lieues
(colin, autre nom du lieu)

47/ Votre voiture a besoin de celle-ci régulièrement. Pour trouver son nom, vous devrez prendre la vie d'un ange.
Qui est-elle ?

La vidange
(vie d'ange)

48/ Elle est la seule organisation internationale au monde à pouvoir emporter le vent à Hollywood.
Quelle est-elle ?

OTAN
Autant en emporte le vent

49/ Avec elle, la sorcière nous jette un mauvais sort.
Avec elle, le chef d'orchestre nous dirige une symphonie.
Avec elle, le boulanger nous donne notre pain quotidien.
Qui est-elle ?

La baguette

50/ Ce déferlement d'eau est toujours très flou.
Qui est-il ?

(vague/flou)
La vague

51/ Elle est une ancienne loi qui nous aveugle et nous édente.
Qui est-elle ?

(œil pour œil et dent pour dent)
La loi du talion

52/ Il vous en coûtera un bras et certainement un cœur pour trouver le nom de ce bandit de haut vol.
Qui est-il ?

(bras cœur)
Le braqueur

53/ Pour trouver le nom de cet homme qui vit en Asie, il vous faudra sacrifier cinq gars pour rien.
Qui est-il ?

(cinq gars pour rien)
Le Singapourien

54/ Appuyez sur la touche **alt** puis sur la touche **s** pour trouver le titre que vous cherchez.
Qui est-il ?

L'altesse

55/ Il est un nom de famille français prédestiné pour avoir les meilleurs appartements.
Qui est-il ?

*Bonaparte
(bon appart)*

56/ Pour trouver le nom de ce personnage de comics, il vous faudra sortir votre plus belle carte.
Qui est-il ?

Le joker

57/ Lorsque je tombe au milieu des hommes, je dévaste tout et pourtant je ne suis qu'une femme.
Qui suis-je ?

Une bombe

58/ Il est un rayon qui perce les nuages de l'École polytechnique.
Qui est-il ?

*Le rayon X
(X, autre nom de l'école Polytechnique)*

59/ Si vous le brisez, vous aurez un fruit de la terre. Mais si les scientifiques le brisent, il n'y aura plus rien sur terre.
Qui est-il ?

(noyau atomique)
Le noyau

60/ Pour trouver le nom de ces animaux, vous devrez admettre que les torts que l'on vous a faits ou que vous avez causés peuvent tuer.
Qui sont-ils ?

(les torts tuent)
Les tortues

61/ Dès l'instant où la raie se mettra à poncer, vous aurez ce que vous cherchez.
Qui est-elle ?

La réponse

62/ Ce puits qui appartient à un homme qui a perdu la raison, nous offre un spectacle de fou.
Qui est-il ?

(parc d'attractions)
Le Puy du Fou

63/ Son caractère est entier et naturel.
Votre main ouverte désigne son nom.
Vos sens sont au complet avec lui.
Qui est-il ?

(nombre entier naturel/cinq doigts de la main/cinq sens)
Le cinq

64/ C'est assez bien trouvé le nom de ces livres.
Qui sont-ils ?

Les polars
(l'épaulard/c'est assez/étacé)

65/ Elle n'est pas une vraie sceptique, mais elle est une vraie boîte à caca.
Qui est-elle ?

La fosse septique

66/ Depuis que cette ville française est considérée comme la crème de la crème, elle mène la vie de château.
Qui est-elle ?

Chantilly

67/ Notre premier indice a les oreilles de Midas données par Apollon.
Notre deuxième indice est cent pour cent romain.
Notre troisième indice est la seule chose qui nous enrichit dans le mariage.
Notre solution est une histoire dans l'histoire.
Qui est-elle ?

L'anecdote
(âne/c/dot)

68/ Ce cadeau n'aurait pas pu vous être offert hier, et il ne pourra pas vous être offert demain.
Qui est-il ?

Le présent

69/ Il est si givré qu'il se noie toujours dans un verre d'eau.
Qui est-il ?

Le glaçon

70/ Notre premier indice est votre plus belle carte.
Notre deuxième indice est immobile.
Notre troisième indice a toujours du bois à se mettre sous la dent.
Notre solution manque de souffle.
Qui est-elle ?

L'asphyxie
(as/fyk/sie)

71/ Le faire, c'est s'échapper.
Le faire, c'est protéger ses buts.
Qui est-il ?

Le mur

72/ Quand on l'a et qu'on nous dit qu'on ne l'a pas, on n'est pas loin de la perdre.
Qui est-elle ?

La raison

73/ Ni grand ni petit, il connaît votre avenir.
Qui est-il ?

Le médium

74/ C'est un ancien hit qui vous permettra de trouver la sortie que vous cherchez.
Qui est-elle ?

(ex hit)
Exit

75/ Elle nous dit « va ! » Mais nous, tout ce qu'on lui dit, c'est « reviens », pour nous chanter une nouvelle chanson.
Qui est-elle ?

(va dit)
La diva

76/ C'est uniquement cette pseudo-ville de Nîmes qui pourra vous dévoiler ce faux nom.
Qui est-il ?

(pseudo Nîmes)
Le pseudonyme

77/ De toutes les routes de France, elle est la seule qui nous impose une vie rude et austère.
Qui est-elle ?

(LV47)
L'ascète

78/ C'est toujours à tort que l'on désigne cette déesse et pourtant on a raison.
Qui est-elle ?

(à tort/Hathor, déesse de la mythologie égyptienne)
Hathor

79/ Il est le seul à savoir où vous allez.
Avec lui, vous ne savez pas où vous allez, mais ce qui est sûr, c'est que vous y allez.
Qui est-il ?

Le destin

80/ Ce dieu s'est fait un nom en une seule manche au tennis.
Qui est-il ?

Seth
(set de tennis/Seth, dieu égyptien)

81/Elle est la seule voiture au monde dont la taille ne cesse de croître.
Qui est-elle ?

L'espace
(expansion de l'univers)

82/ On ne peut jamais prévoir où, quand et comment on va cueillir ce fruit.
Qui est-il ?

Le fruit du hasard

83/ C'est à l'Est que vous trouverez ce poids.
C'est en le lâchant que vous vous élèverez.
Qui est-il ?

Lest

84/ Mets ton pied à l'envers et le nom de ce marcheur s'offrira à toi.
Qui est-il ?

(le pied ton/on pied)
Le piéton

85/ Lorsque l'on y est réduit, c'est la plus grande persécution. Jamais les grands de ce monde ne s'y sont résolus.
Qui est-il ?

Le silence

86/ Si vous avez le malheur de mettre l'art derrière une coque, il vous fera un œil au beurre noir.
Qui est-il ?

(le coque art)
Le coquard

87/ Elle est une torture cérébrale qui nous appelle au choix. L'hésitation et le doute augmentent son temps de prise.
Qui est-elle ?

La décision

88/ Sa photo est toujours stéréotypée.
Qui est-il ?

Le cliché

89/ De tous les véhicules militaires, il est sans aucun doute le plus riche.
Qui est-il ?

Le blindé

90/ À l'entendre, cet arbuste est au milieu de tout.
Qui est-il ?

(no)
Le houx

91/ Tout feu tout flamme, elles nous réduisent à néant.
Qui sont-elles ?

Les cendres

92/ Ce grand-père ne sera jamais une pie.
Qui est-il ?

(pas pie)
Papy

93/ Il est un journal régional français que l'on n'arrête pas.
Qui est-il ?

(on n'arrête pas le progrès/journal lyonnais)
Le Progrès

94/ Ce n'est ni l'as de pique, ni l'as de cœur, ni l'as de carreau, ni l'as de trèfle, qui pourra vous aider à trouver le nom de cet hôtel.
Qui est-il ?

(pas l'as)
Le palace

95/ Cet homme est connu et reconnu partout où il va. Pour trouver son nom, cherchez un habit auquel on aura ôté la vie.
Qui est-il ?

(l'habit tué)
L'habitué

96/ Il n'est pas forcément un ennemi mais il est en face.
Parfois on ne gagne pas, c'est lui qui perd.
Qui est-il ?

L'adversaire

97/ C'est en montant une seule marche de cet escalier que vous parvenez en haut de l'étage.
Qui est-il ?

L'escalator

98/ Il rend visible l'invisible.
Qui est-il ?

Le microscope

99/ Elles font les cuisses des femmes les plus hards qui soient.
Qui sont-elles ?

Les cuissardes
(cuisses hards)

100/ Il est comme une fleur aux couleurs flamboyantes qui vole de fleur en fleur.
Qui est-il ?

Le papillon

101/ Je suis un pays d'Asie qui est craint par tous les consommateurs du monde et qui est célébré par tous les actionnaires du monde.
Qui suis-je ?

Le Laos (la bourse)

102/ Il frappe à la porte de notre inconscient plutôt deux fois qu'une.
Qui est-il ?

Toc (trouble obsessionnel compulsif / toc toc)

103/ Il est cette force qui nous pousse à agir quand il faudrait fuir.
Qui est-il ?

Le courage

104/ Elle est la partie la moins fine de la luxure.
Qui est-elle ?

La partie fine

105/ Tel un sablier, il est une année de plus, mais dans le même temps, il est une année de moins.
Qui est-il ?

L'anniversaire

106/ Toujours sur les dents, travaillant à l'arrache, il n'est pas plus grand menteur que lui.
Qui est-il ?

L'arracheur de dents
(*mentir comme un arracheur de dents*)

107/ Elle est la bande annonce du livre.
Qui est-elle ?

La citation

108/ Si vous rongez le vôtre, vous risquez de ne plus pouvoir vous arrêter à temps.
Qui est-il ?

Le frein
(*ronger son frein*)

109/ Il se sent impliqué, il se sent intéressé, mais à l'entendre, il est un con encerclé.
Qui est-il ?

Le concerné

110/ Elle est une œuvre que l'on a du mal à avaler quand elle est cool.
Qui est-elle ?

La couleuvre
(*cool œuvre*)

111/ Il est un acteur français splendide, mais un peu fripouille, et dont le nom est touché par des millions de gens à longueur de journée.
Qui est-il ?

Christian Clavier
(acteur français ayant débuté avec la troupe du Splendid/qui a joué le rôle de Jacquouille la fripouille dans les Visiteurs/touches du clavier)

112/ Pour être comblé, il vous suffit de prendre ce membre, qui est le vôtre, dans les mains.
Qui est-il ?

Son pied
(prendre son pied)

113/ Si elle est vraie, elle ne doit pas quitter bébé.
Si elle est fausse, c'est bébé qui nous quitte.
Qui est-elle ?

La couche
(couche de bébé et fausse couche)

114/ Cet organe génital permet aux hommes d'être élégants à toute heure.
Qui est-il ?

Le nœud pape

115/ Accro à la ville de Nîmes, il invente des mots qui n'en sont pas.
Qui est-il ?

L'acronyme
(acro/Nîmes)

116/ Si vous voulez toucher du doigt l'excellence, placez ce fruit sur le gâteau.
Qui est-il ?

La cerise
(la cerise sur le gâteau)

117/ Mon premier m'assure d'être toujours en vue.
Sans mon second, point de vie.
Avec mon tout, même les muets peuvent se faire comprendre.
Qui suis-je ?

Le stylo
(stylo, eau)

118/ Pour trouver le nom de ce lieu prestigieux, il vous suffit de verser un peu d'ail, et son nom se révélera de lui-même.
Qui est-il ?

Versailles
(verse ail)

119/ Dans la ville de Paris, il est le seul champ où les barres chocolatées semblent pousser comme des champignons.
Qui est-il ?

Le Champ de Mars
(pelouse sous la tour Eiffel)

120/ Je suis une activité qui consiste à nettoyer les vitrines des magasins avec la langue.
Qui suis-je ?

Le lèche-vitrines

121/ Elle est une ville française où les cervidés sont rois.
Qui est-elle ?

Rennes

122/ Il est un bruit tape-à-l'œil qui annonce l'arrivée du nouveau riche.
Qui est-il ?

Le bling bling

123/ Il est le chocolat préféré des alcooliques.
Qui est-il ?

Mon Chéri
(marque de chocolat)

124/ Pour trouver le nom de ce film pour enfant, il vous faudra des seins doués de vie.
Qui est-il ?

Le dessin animé
(des seins animés)

125/ Je suis un végétal que tout le monde a envie d'écraser.
Qui suis-je ?

Le champignon

126/ À la bataille navale, de toutes les cases, elle est la case préférée des espions anglais.
Quelle est-elle ?

16
(MI6/Aime 16)

127/ Lorsque ce papa est vert, il devient immoral.
Qui est-il ?

(père vert)
Le pervers

128/ Même s'il est honnête et intègre, cet homme ne refusera jamais un pot-de-vin.
Qui est-il ?

L'alcoolique

129/ Elle est un endroit où l'on trouve toujours de l'argent liquide.
Qui est-elle ?

(cash)
La cache

130/ Elle est une clé de la réussite.
Le plus difficile, c'est de la sortir.
Elle sait ce que vous cherchez.
Mais si on la trouve, vous êtes viré.
Qui est-elle ?

L'antisèche

131/ Cette file d'attente est une obsession pour les hommes.
Qui est-elle ?

La queue

132/ L'écouter on peut !
L'entendre on ne peut pas.
Qui est-il ?

Le silence

133/ Dans un livre, elle se mesure en centimètre.
Dans les affaires, elle se mesure en pourcentage.
Qui est-elle ?

La marge

134/ Il est fait d'un pour cent d'inspiration et de quatre-vingt-dix-neuf pour cent de transpiration.
Qui est-il ?

Le génie

135/ Cette technologie n'est pas jolie, mais elle est lumineuse.
Qui est-elle ?

La led
(la laide)

136/ Il faut au moins trois générations d'Anglais pour en faire un.
Son éducation est à la hauteur de son élégance.
Le roi a le pouvoir de faire un lord, mais lui, il est de droit divin.
Qui se vante de l'être, ne l'est jamais.
Qui est-il ?

Le gentleman

137/ Il est la plus belle invention de l'homme après la roue.
Qui est-il ?

Le pneu

138/ Si le médecin peut laisser mourir par impuissance, lui, il tue par ignorance.
Qui est-il ?

Le charlatan

139/ Malade, vous la déposez à vos pieds.
Mort, on la dépose au pied de votre tombe.
Qui est-elle ?

(gerbe de vomi et gerbe de fleurs)
La gerbe

140/ Je suis un mal qui transforme les minutes en heures et dont le travail est le seul antidote efficace.
Qui suis-je ?

L'ennui

141/ En vous enfilant ce verre d'alcool, vous enfilez un pantalon à la mode.
Qui est-il ?

(jeans/gin)
Le gin

142/ Il est un horizon qui empêche l'homme de se pendre.
Lorsque la nuit nous entoure, il permet de croire à la lumière.
Quand il y a de la vie, il est là.
Qui est-il ?

L'espoir.

143/ Notre premier indice fait le bruit d'une souris.
Notre second indice fait la joue rouge.
Notre solution est bien pratique pour celui qui manque de place.
Qui est-elle ?

Le clic-clac
(abréviation d'un lit repliable)

144/ De tous les trains du monde, il est le seul où les contrôleurs travaillent, non pas pour la compagnie ferroviaire, mais pour le fisc.
Qui est-il ?

Le train de vie

145/ Elle est mi belle-femme, mi thon.
Qui est-elle ?

La sirène

146/ Le passé de l'homme je suis.
Payer avec ma monnaie, c'est offrir de vaines promesses.
On peut m'apprendre bien des choses, mais pas les grimaces.
Qui suis-je ?

Le singe

147/ Vous aurez beau vider votre esprit, vous ne trouverez pas le mammifère que vous cherchez si vous n'êtes pas attentif.
Qui est-il ?

Le bovidé
(beau vider)

148/ De toutes les questions que l'on peut se poser dans la vie, elle est la seule qui puisse nous conduire au suicide.
Qui est-elle ?

Une question de vie ou de mort

149/ Sans ce train, aucun avion n'arriverait à bon port.
Qui est-il ?

Le train d'atterrissage

150/ Fais ce livre en anglais, et le nom de cette société fantastique te sera révélé.
Qui est-elle ?

Facebook

151/ Cette homosexuelle n'a pas de seins mais une bonne largeur d'épaules.
Quelle est-elle ?

L'omoplate
(homo/plate)

152/ À force de voyager à l'Est, il est allé trop loin.
Où est-il ?

À l'Ouest

153/ Il désigne le futur de manière intemporelle. Pourtant lui aussi sera le présent, puis deviendra le passé.
Qui est-il ?

L'avenir.

154/ Chez moi, le commencement et la fin coïncident.
Qui suis-je ?

Le cercle

155/ Remède ou poison, plus il est amer, plus il semble efficace.
Qui est-il ?

Le médicament

156/ Une contradiction je suis.
J'exprime la gaieté, la joie, et pourtant je conduis aux larmes.
Qui suis-je ?

Le rire
(rire aux larmes)

157/ À l'entendre, il est un sable levant.
Qui est-il ?

Lest
(l'Est)

158/ Je suis une fausse monnaie qui achète notre vanité.
Je suis une arme redoutable pour celui qui m'utilise envers autrui.
Qui suis-je ?

La flatterie

159/ Il est un département français qui se cache entre la cuisse et le bas-ventre.
Qui est-il ?

(L'aine de la cuisse/département de l'Aisne)
L'Aisne

160/ Un monstre à mille têtes sans cervelle elle est.
Plus grande elle est, plus aveugle est son cœur.
Les médiocres sont les plus éloquents face à elle.
Qui est-elle ?

La foule

161/ Produite en quantité par les moutons, elle se doit d'être fraîche chez l'homme.
Qui est-elle ?

(L'haleine)
La laine

162/ À droite, je suis le deuxième en partant de la gauche.
À gauche, je suis le deuxième en partant de la droite.
Je vous indique la direction de la gauche ou de la droite.
Qui suis-je ?

L'index

163/ Ce qui rend l'égalité entre les hommes, si difficile, c'est que nous la souhaitons seulement avec eux.
Qui sont-ils ?

Nos supérieurs

164/ Elle connaît le monde entier et le fait connaître si bien. Elle est le seul art dont les derniers ouvrages sont toujours les meilleurs.
Qui est-elle ?

La géographie

165/ Les mains sont ses yeux. L'obscurité est son univers.
Qui est-il ?

L'aveugle

166/ Il est le service le moins souple de la Police nationale.
Qui est-il ?

Le Raid

167/ Elle est un art, qui consiste à se faire demander comme une faveur, ce que l'on meurt d'envie d'offrir.
Qui est-elle ?

La stratégie

168/ Entre deux riches, choisissez l'autre et il vous offrira le nom du pays que vous cherchez.
Qui est-il ?

L'Autriche
(l'autre riche)

169/ Son œuvre infinie et perpétuelle met tout en lumière.
Il guérit tout, mais il finira par tout réduire en poussière.
Qui est-il ?

Le temps

170/ Dîtes au revoir à Line, à l'italienne, et le nom de ce moine vous sera révélé.
Qui est-il ?

*Shaolin
(tchao Line)*

171/ À gauche, à droite, au centre, quelle différence ?
Choisir je ne veux pas. Pourtant ma décision est un choix.
Qui suis-je ?

L'abstention ou l'abstentionniste

172/ Il vous faudra trouver un cerf, sain de corps et d'esprit, pour trouver le nom de cet homme qui ne ment pas.
Qui est-il ?

*Sincère
(sain cerf)*

173/ Il vous faudra pêcher successivement deux bars, pour trouver le nom de cet homme qui vit en dehors de la civilisation.
Qui est-il ?

*Le barbare
(bar bar)*

174/ Elle produit toujours son effet et on se bat toujours pour elle.
Qui est-elle ?

La cause
(de cause à effet)

175/ Sur le littoral, elle est sans nul doute l'endroit idéal pour changer sa roue.
Qui est-elle ?

La crique
(cric)

176/ Elles veulent nous séduire par anticipation.
Qui sont-elles ?

Les avances

177/ Elle est une lettre sur laquelle tout le monde s'assied.
Qui est-elle ?

La lettre Q
(cul)

178/ Il est le seul contraceptif qui nous protège aussi de la pluie.
Qui est-il ?

La capote

179/ Autrefois, il était père ; à présent il est un spécialiste dans son domaine.
Qui est-il ?

L'expert
(l'ex père)

41

180/ Elle ne vous mettra pas la larme à l'œil, mais la larme à l'oreille, toujours.
Qui est-elle ?

(la larme)
L'alarme

181/ Des douze apôtres, il est celui qui se fait le plus enfiler, et de loin.
Qui est-il ?

(enfiler un jean)
Jean

182/ Il vous faudra produire le son le plus hardi qui soit, pour trouver le nom de ce producteur et animateur télé célèbre.
Qui est-il ?

(hardi son)
Ardisson Thierry

183/ En frappant cet ouvrage, les avions frappent notre ouïe.
Qui est-il ?

Le mur du son

184/ Il est le seul aéroport qui échappera au déluge.
Qui est-il ?

Le porte-avions

185/ Il est un homme qui ne peut exercer son métier s'il n'a pas la gueule de bois.
Qui est-il ?

Le menuisier

186/ Cet homme est un homme culte ; pourtant il est un homme ignorant.
Qui est-il ?

(un culte)
L'inculte

187/ Il est un gâteau qui a fait son petit bonhomme de chemin entre les villes de Paris et de Brest.
Qui est-il ?

(nom d'une pâtisserie)
Le Paris Brest

188/ Selon un ancien proverbe, cet homme compte double.
Qui est-il ?

(un homme averti en vaut deux)
Un homme averti

189/ S'il roule à tombeau ouvert, il perd son gagne-pain.
Qui est-il ?

Le croque-mort

190/ Ces poissons sont les bêtes noires des ingénieurs du son.
Qui sont-ils ?

La friture

191/ Ce vrai malade est un malade imaginaire.
Qui est-il ?

L'hypocondriaque

192/ Elle est une chose grave qui nous empêche de prendre de la hauteur.
Qui est-elle ?

La gravité

193/ Il transforme un fou en sage.
Il transforme le jeune en vieux.
Il transforme l'amour en haine.
Qui est-il ?

Le temps

194/ Il vous faudra croquer le portrait d'Odile pour que se dessine le nom de l'animal que vous cherchez.
Qui est-il ?

Crocodile
(croque Odile)

195/ Il est un héros grec qui a fait fortune dans les produits de nettoyage.
Qui est-il ?

Ajax
(héros grec de la guerre de Troie)

196/ C'est uniquement lorsque vous annoncerez que la première femme sera à l'intérieur de Gilles, que le nom de ce livre qui se met en quatre pour la bonne parole vous sera révélé.
Qui est-il ?

L'évangile
(l'Ève en Gilles)

197/ Il est un homme qui amène aux fils d'Égypte un roi.
Qui est-il ?

Aménophis pharaon
(amène aux fils)

198/ C'est la moitié d'un ami qui vous révélera le nom de cette ville.
Qui est-elle ?

Miami
(mi ami)

199/ Il est la rançon de la mort.
Qui est-il ?

L'héritage

200/ Ce n'est que lorsqu'ils sont grands qu'ils peuvent se rencontrer.
Qui sont-ils ?

Les esprits
(les grands esprits se rencontrent)

201/ Elle est un personnage de premier plan au cinéma qui nous rend très vite dépendants.
Qui est-elle ?

L'héroïne

202/ Pour trouver le nom de ce poisson, il vous suffit de retourner votre seau.
Qui est-il ?

Le saumon
(mon seau/seau mon)

203/ Il est le seul apôtre qui a fait fortune grâce au miracle de la multiplication des pains.
Qui est-il ?

Paul
(boulangeries Paul)

204/ Ce n'est certainement pas la lettre V qui vous aidera à trouver le nom de ce gros bouquin.
Qui est-il ?

Le pavé
(pas V)

205/ Pour obtenir sa justice, il faut les quitter.
Qui est-elle ?

L'équité
(les quitter)

206/ Elle est l'île française la plus peuplée au monde.
Qui est-elle ?

L'Île de France

207/ La ville d'Ur (Irak) au carré vous révélera le nom de ce cascadeur.
Qui est-il ?

La doublure
(double Ur)

208/ Il est le seul personnage qui puisse ouvrir la serrure de l'énigme que vous voulez résoudre.
Qui est-il ?

Le personnage-clé

209/ Il est un chanteur anglais qu'il vaut mieux avoir à l'œil.
Qui est-il ?

Seal
(œil)

210/ À l'entendre, la renommée de cette maison de couture remonte à l'an vingt après J-C.
Qui est-elle ?

Lanvin
(l'an vingt)

211/ Pour trouver le nom de cette maison, la particule noble doit mourir aujourd'hui.
Qui est-elle ?

La demeure
(de meurt)

212/ À l'entendre, cet aéroport est situé en dehors du lit.
Qui est-il ?

Orly
(hors lit)

213/ Les proies de ce chasseur sont des hommes et des femmes diplômés.
Qui est-il ?

Le chasseur de têtes

214/ Il est le plat le plus patriote qui soit.
Qui est-il ?

Le plat de résistance

215/ Son hallucination se déplace à la vitesse du son.
Qui est-il ?

Le mirage

216/ Il est un mot qui déverrouille bien des situations.
Qui est-il ?

Le mot de passe

217/ Avant d'obtenir la paix, l'Histoire nous a enseigné qu'il fallait enterrer des millions de gens, et pourtant il suffit de l'enterrer elle, pour obtenir la paix en un instant.
Qui est-elle ?

La hache de guerre
(enterrer la hache de guerre)

218/ Elle n'a pas le courage de sa politique.
Qui est-elle ?

L'autruche
(faire l'autruche)

219/ Pour trouver le nom de cet homme célèbre, il vous suffit de noter le nom de rue qui est juste devant vos yeux.
Qui est-il ?

Ruquier
(rue qui est)

220/ Pour trouver le nom de ce gouffre sans fond, arrêtez-vous au deuxième « a », pas au premier.
Qui est-il ?

L'abysse
(a bis)

221/ De tous les tableaux susceptibles de représenter le Net, je suis sans doute le plus pertinent.
Qui suis-je ?

La toile

222/ À l'entendre fendre l'air, cet outil est une contrefaçon.
Qui est-il ?

La faux
(faux)

223/ Triée sur le volet, elle nous envie.
Qui est-elle ?

La jalousie
(mot désignant un système de volet)

224/ Elle est la plus obscure des projections de nous-même.
Qui est-elle ?

L'ombre

225/ Vous devrez trouver une cave pleine de oui anglais pour trouver le nom de cette société avec laquelle on fait peau neuve.
Qui est-elle ?

Cavailles
(cave à yes/Rogé Cavaillès)

226/ Pour trouver le nom de ces enflures, procurez-vous des œufs en provenance de la ville d'Hem dans le Nord.
Qui sont-ils ?

Les œdèmes
(Les œufs d'Hem)

227/ Je ne suis pas un vrai renne, mais je suis une vraie gitane.
Qui suis-je ?

(faux renne)
Foraine

228/ À l'entendre, son élocution nous rend dépendant.
Qui est-elle ?

(l'addiction)
La diction

229/ Il est très convoité par les politiques. Pour trouver son nom, réunissez ceux qui lisent des livres.
Qui suis-je ?

(les lecteurs)
L'électeur

230/ Elle est à l'amour ce qu'est au feu le vent.
Elle éteint le petit, mais elle allume le grand.
Qui est-elle ?

L'absence

231/ En empruntant la rue « plus tard », on arrive souvent dans cette voie sans issue.
Qui est-elle ?

Jamais

232/ On doit le respecter tant qu'il n'est qu'un purgatoire, et le dissoudre s'il devient un enfer.
Chaque chose pour un temps, mais lui pour la vie.
Celui des esprits est plus grand que celui des corps.
Qui est-il ?

Le mariage

233/ Ce moment de la journée est le plus tard des moments de la journée qu'il soit possible d'atteindre.
Quel est-il ?

Minuit

234/ Plus on a envie de le paraître, moins on a de chance de l'être.
Qui est-il ?

Le naturel

235/ Il voit tout mais ne se voit pas lui-même.
Lui pour lui est une peine identique à la faute.
Qui est-il ?

(œil pour œil et dent pour dent)
L'œil

236/ Elle a le pouvoir de conquérir le monde.
Elle doit être vêtue comme une déesse et s'élever comme un oiseau.
Elle est aussi libre que la plume est serve.
Qui est-elle ?

La parole

237/ Lorsqu'il est beau ou grand, il rencontre souvent son semblable.
Si la pauvreté est la mère des crimes, son défaut en est le père.
Qui est-il ?

L'esprit
(bel esprit, grand esprit, les grands esprits se rencontrent)

238/ Il est l'évènement à venir qui projette son ombre.
Qui est-il ?

Le présage

239/ Celui qu'elle frappe n'entend pas le tonnerre.
Qui est-elle ?

La foudre

240/ Les hommes ne se marient avec cette imbécile que lorsqu'ils sont assoiffés d'amour.
Qui est-elle ?

La gourde

241/ Il se taille lui-même.
S'il est dans la poitrine, il brille sur le visage.
Qui est-il ?

Le diamant

242/ Ils rendent la femme heureuse, les enfants joyeux, le prêtre miséricordieux et la corruption possible.
Ils apaisent les dieux et persuadent les tyrans.
Qui sont-ils ?

Les cadeaux

243/ Mon corps se retourne contre la forêt qui m'a vu naître.
Prononcez le huitième son et vous entendrez mon nom.
Qui suis-je ?

La hache
(le corps de la hache en bois et la lettre h)

244/ Quand la pierre quitte la main, elle lui appartient.
Ce qui vient de lui, va à lui.
Sa plus grande malice est de faire croire qu'il n'existe pas.
Mieux vaut le tenir dehors que de le mettre à la porte.
Qui est-il ?

Le diable

245/ Il n'est pas toujours placé pour être atteint, mais pour servir de point de mire.
Qui est-il ?

Le but

246/ Il fait du vent, mais sans elle, il serait bizarre.
Qui est-il ?

Le blizzard
(svns 1)

247/ Elle est le seul lieu de l'Univers au sein duquel le commencement et la fin coïncident.
Qui est-elle ?

La circonférence

248/ Quand elle est là, il y a de l'espoir.
Les hommes se la transmettent comme les coureurs se passent le flambeau.
Rien n'est plus précieux et pourtant les hommes s'obstinent à la gâcher.
Qui est-elle ?

La vie

249/ Il est un cheval au pied marin qui se cache dans nos hémisphères.
Qui est-il ?

L'hippocampe.
(hippocampe/poisson=hippocampe=zone de chaque hémisphère du cerveau)

250/ Elle est la meilleure arme pour garder son identité et résister à l'assimilation de l'envahisseur.
Qui est-elle ?

La langue

251/ Il est un homme qui a un curieux sens des priorités.
En effet, il se laisse mourir pour garder de quoi vivre.
Qui est-il ?

L'avare

252/ De tous les métiers du monde, il est le seul qui ne tienne qu'à un fil.
Qui est-il ?

Le métier à tisser.

253/ Il vaut mieux se hasarder à le sauver, que de condamner un innocent.
Qui est-il ?

Le coupable.

254/ Il est l'art d'avoir peur sans qu'il n'y paraisse.
Il permet aux hommes de se dépasser tout en devenant des héros.
Qui est-il ?

Le courage.

255/ Je suis l'aube du soir.
Qui suis-je ?

Le crépuscule.

256/ La perdre ne veut pas dire perdre la guerre.
Qui est-elle ?

La bataille.

257/ Lorsque ce personnage, sorti tout droit de l'inconscient de Stephen King deviendra propriétaire d'un rat, il vous dévoilera le nom de ce lieu que l'on traverse souvent seul.
Qui-est-il ?

Le Sahara
(Ça a rat)

258/ Elle est le bruit le plus cher de l'Univers.
Qui est-elle ?

La musique

259/ Chaque heure nous conduit à elle, la dernière y arrive.
Qui est-elle ?

La mort

260/ On ne l'avale jamais autant qu'avant les élections, pendant la guerre et après la chasse.
Qui est-il ?

Le mensonge

261/ La pensée serait nue sans eux, si bien qu'ils lui taillent un costard sur mesure à chaque nouvelle idée.
Qui sont-ils ?

Les mots

262/ Même dans les chemins que l'on prend pour l'éviter, c'est encore elle qui nous guide.
Qui est-elle ?

La destinée

263/ Tout l'univers de A à Z je suis.
Qui suis-je ?

Le dictionnaire

264/ Il est le destructeur de l'éternel qui nous aura tous à l'usure.
Qui est-il ?

Le temps

265/ Il est un lieu où les fous sont très proches des rois.
Qui est-il ?

Les échecs

266/ Depuis Adam et Éve, elle a toujours eu la cote auprès de l'homme.
Qui est-elle ?

*La femme
(dans la Bible, la femme est créée à partir d'une côte de l'homme par Dieu)*

267/ Elle tourne, elle tourne, elle se retourne.
Elle ne se fixe que lorsqu'elle se rouille.
Qui est-elle ?

La girouette

268/ Œuvre d'art divine, elle est source de tout ce qui est. Sa beauté n'a d'égale que sa générosité, mais lorsque ses forces se déchaînent, elle peut être d'une grande cruauté.
Qui est-elle ?

La nature

269/ Dans chaque livre, je suis partout et nulle part.
Qui suis-je ?

L'auteur

270/ Elle brise les chaînes du choix.
Qui est-elle ?

La nécessité

271/ Comme les livres, plus ils sont hauts, moins ils servent. Et comme les livres, certains ne brillent que par leurs titres.
Qui sont-ils ?

Les nobles

272/ Notre premier indice est petit mais rafraîchissant.
On ferait tout pour faire disparaître notre second indice.
Notre solution est un attribut masculin très fort.
Quelle est-elle ?

La moustache (mousse/tache) (petite mousse/faire disparaître une tâche)

273/ Elle porte votre deuil face au soleil.
Qui est-elle ?

Votre ombre

274/ Elle est le filtre de notre pensée.
Qui est-elle ?

La parole

275/ C'est lorsque nous sommes éloignés de lui que nous ressentons le mal qui nous attache à lui.
Qui est-il ?

Notre pays (mal du pays)

276/ Celui qui le possède, passe pour un homme indécis.
Celui qui ne le possède pas, passe pour un homme décidé.
Qui est-il ?

Le choix

277/ Pour découvrir le nom de ce lieu chaleureux, réunissez deux bonnes âmes.
Qui est-il ?

Le hammam

278/ On la prend pour sortir, mais si on se la prend, on ne sort plus.
Qui est-elle ?

La veste

279/ Si les murs avaient des oreilles, c'est sans nul doute lui qui entendrait le plus de conneries.
Qui est-il ?

Le tableau

280/ Il détient les clés de l'éternité.
Il souffle le feu de l'amour mais il renforce l'amitié.
Il nous offre de bons moments et pourtant il nous tuera tous.
Qui est-il ?

Le temps

281/ L'hirondelle ne le fait pas, mais lui il nous vole notre jeunesse.
Qui est-il ?

Le printemps
(L'hirondelle ne fait pas le printemps/un printemps est une année de jeunesse perdue)

282/ Mangeons de façon vulgaire pour trouver le nom de ce clown.
Qui est-il ?

Bouffon
(Bouffons)

283/ Selon Napoléon, de leurs sommets, quarante siècles d'Histoire nous contemplent.
Qui sont-elles ?

Les Pyramides

284/ Elle est le seul roman dont l'histoire s'est vraiment déroulée.
Quel est son titre ?
L'Histoire

285/ Lorsque la torture pose ses questions, c'est toujours elle qui répond.
Qui est-elle ?
La douleur

286/ Au plus élevé trône du monde, nous ne sommes assis que sur lui.
Qui est-il ?
Le cul/les fesses

287/ À l'image de son maître, il figure sur une carte.
Qui est-il ?
(domestique/figure d'un jeu de cartes, comme le roi)
Le valet

288/ C'est un nain connu qui vous dévoilera le nom de celui que personne ne connaît.
Qui est-il ?
(un nain connu)
Un inconnu

289/ Il est un homme qui représente le passé.
Pourtant, il nous montre l'avenir de notre présent.
Qui est-il ?
Le vieux/le vieil homme

290/ Elle est un fait de société qui fait peur et qui fait mal.
Elle est engendrée par elle-même.
Qui est-elle ?

La violence
(la violence engendre la violence)

291/ Dans la Cène, en face de Jésus je suis. Le quatorzième convive je suis.
Qui suis-je ?

Léonard de Vinci
(Léonard de Vinci, peintre du tableau La Cène, figure le quatorzième convive)

292/ Ennuyeux, je suis toujours sur le même ton. Mon nom est votre troisième saison.
Qui suis-je ?

Monotone
(mon automne)

293/ Notre premier indice est une note de haute qualité pour les agences de notation.
Notre second indice est un cercle.
Notre solution est le créateur du veau d'or.
Qui est-il ?

Aaron
(note AA/ron)

294/ L'avoir est une chance, mais tourner autour de lui vous éloigne de votre but.
Qui est-il ?

Le pot
(avoir du pot/tourner autour du pot)

295/ On ne rencontre ce genre d'hématome qu'en Équipe de France.
Qui est-il ?

Le bleu

296/ Il est le seul véritable amour sans tâche.
Qui est-il ?

L'amour-propre

297/ Grâce à ce fruit sec, on sait que l'urine tâche.
Qui est-il ?

La pistache
(la pisse tache)

298/ Elle éclaire les mains des travailleurs.
Qui est-elle ?

L'ampoule

299/ C'est uniquement lorsque le condor saura, que vous saurez trouver le nom de cet illustre philosophe français.
Qui est-il ?

Condorcet
(condor sait)

300/ Est-ce Marcel Pagnol qui a créé cette nationalité ? Non ! Mais en vous posant la question, vous trouverez sûrement de quelle nationalité il s'agit.
Qui est-elle ?

Espagnole (est-ce Pagnol)

301/ À l'entendre, elle est la théorie qui peut envoyer n'importe quel boxeur au tapis.
Qui est-elle ?

La théorie du chaos (la théorie du KO)

302/ Il est le seul département français où les votes ne se font jamais à mains levées.
Qui est-il ?

La Manche (les habitants de la Manche sont appelés les Manchots)

303/ Il est le plus grand racket jamais réalisé à l'échelle d'un État.
Qui est-il ?

L'impôt

304/ Il est le plus virulent des virus que la Terre ait connus.
Qui est-il ?

L'homme

305/ Je ne suis pas un chien, mais je lève la pâte comme lui.
Qui suis-je ?

La levure

306/ De tous les grands de ce monde, il n'y a que Neil Armstrong qui puisse vous aider à trouver le nom du plat que vous cherchez.
Qui est-il ?

(que Neil)
La quenelle

307/ Lorsque le hasch fendra la campagne, le nom de la boisson que vous cherchez vous sera révélé.
Qui est-il ?

(le h)
Le champagne

308/ De toutes les évasions réalisées dans l'Histoire, elle est sans doute celle qui aura coûté le plus cher au contribuable français.
Qui est-elle ?

L'évasion fiscale

309/ Même s'il a décidé de se mettre à son compte, il reste un orateur dans l'âme.
Qui est-il ?

(reste orateur)
Le restaurateur

310/ Elle est une question de vie ou de mort pour les animaux.
Qui est-elle ?

La question piège

311/ Cet étranger en situation irrégulière se retrouve toujours dans une situation délicate quand il est aux toilettes.
Qui est-il ?

Le sans-papiers

312/ Ce désert est un enfer pour celui qui ne mange pas de viande crue.
Qui est-il ?

Le désert des Tartares

313/ Ce canard est connu pour suivre son penchant naturel pour la singularité.
Qui est-il ?

Le canard boiteux

314/ Cet homme se met en quatre pour vivre son supplice.
Qui est-il ?

L'écartelé

315/ Pour trouver le nom de celui qui vous libérera des chaînes de votre destin, vous devrez trouver un arbitre libéré de ses propres chaînes.
Qui est-il ?

Le libre arbitre

316/ Il est le seul animal qui puisse se trouver à un rendez-vous manqué.
Qui est-il ?

Le lapin
(poser un lapin)

317/ De toutes les armes du monde, elle est la seule qui donne une érection.
Qui est-elle ?

La trique
(gros bâton/sexe masculin en argot)

318/ C'est votre traque qui vous conduira vers cette arme.
Qui est-elle ?

La matraque
(ma traque)

319/ Lorsque vous aurez le parti socialiste, vous trouverez celui qui vous montrera le bon chemin.
Qui est-il ?

Le GPS
(j'ai PS)

320/ De tous les films de super-héros, il est celui qui casse le plus la baraque.
Qui est-il ?

Kick-Ass
(qui casse)

321/ De tous les états d'âme possible, il est le seul qui donne droit à une réduction d'impôt.
Qui est-il ?

L'abattement

322/ Ce sentiment ne se révélera à vous que lorsque vous aurez trouvé un état où les gens n'ont pas encore vendu leur âme.
Qui est-il ?

L'état d'âme

323/ Elle est la confiserie préférée de tous les culturistes.
Qui est-elle ?

La tablette de chocolat
(expression désignant les abdominaux formés)

324/ Elle est le piège le plus connecté qui soit.
Qui est-elle ?

La toile
(la toile d'araignée/la toile internet)

325/ Vous êtes assis sur notre premier indice.
Notre deuxième indice vaut à peu près 3,14.
Notre troisième indice est gratuit.
Notre solution nous transperce d'amour.
Qui est-elle ?

Cupidon
(cul/pi/don)

326/ Il est une cavité qui nous est propre mais qui est sale.
Qui est-il ?

Le trou anal

327/ Cet esprit se révèle si brillant qu'il a besoin de plusieurs têtes pour exister.
Qui est-il ?

L'esprit d'équipe

328/ Elle dévalise le cœur des fleurs. Mais si elle pique une colère, on est en pleurs.
Qui est-elle ?

L'abeille

329/ Elle est un régime totalitaire qui nous demande de tirer Annie.
Qui est-elle ?

La tyrannie
(tire Annie)

330/ C'est à midi que son pouvoir obscur s'affaiblit.
Qui est-elle ?

L'ombre

331/ Berger j'ai été.
Les faveurs de Dieu j'ai reçues.
La première victime de l'humanité j'ai été.
Qui suis-je ?

Abel

332/ Elle est la seule guerre de l'Histoire qui n'a duré que 144 heures.
Qui est-elle ?

La guerre des Six Jours
(entre Israël et ses voisins arabes en juin 1967)

333/ Cherchez l'âme en or, et vous trouverez celle qui vous conduira au-delà de l'au-delà.
Qui est-elle ?

La mort
(l'âme or)

334/ Il est le lieu de France où les radiations demeurent les plus fortes.
Qui est-il ?

Le pôle Emploi

335/ Il est un journal français qui s'étend sur 150 millions de kilomètres carrés.
Qui est-il ?

Le Monde

336/ J'ai dû interrompre mon golf hier pour la regarder s'élever dans les airs.
Qui est-elle ?

La montgolfière
(mon golf hier)

337/ Montez, car l'eau monte très vite à cet endroit du rocher.
Quel est-il ?

Monte-Carlo
(montez car l'eau)

338/ Notre premier indice vient naturellement après Buffalo.
Notre deuxième indice est beau.
Vous trouverez notre troisième indice le long d'un cours d'eau.
Notre solution est un jouet.
Qui est-il ?

Le bilboquet
(bill/beau/quai)

339/ C'est une pyromane qui agit avec un filtre dévastateur et qui fuit toujours devant l'incendie qu'elle a allumé avec passion.
Qui est-elle ?

L'allumeuse
(filtre d'amour)

340/ Je précède toujours la réponse que j'ai engendrée.
Qui suis-je ?

La question

341/ Le partage équitable de la misère je suis.
Qui suis-je ?

Le socialisme

342/ Le partage non équitable des richesses je suis.
Qui suis-je ?

Le capitalisme

343/ Il est un cadeau qui ne peut s'offrir que maintenant.
Qui est-il ?

Le présent

344/ Elle est un naufrage qui dure une vie.
Qui est-elle ?

La vieillesse

345/ Il éteint la flamme mais il allume le brasier.
Qui est-il ?

Le vent

346/ Ils ont toujours tort lorsqu'ils ne sont pas présents.
Qui sont-ils ?

Les absents

347/ Je vis dans l'obscurité, mais la lumière me fait apparaître au grand jour.
Qui suis-je ?

L'ombre

348/ Elle est la seule drogue gratuite que l'on a tous à portée de main.
Qui est-elle ?

La masturbation

349/ Avec courage, il se bat contre la faucheuse. Il est l'ennemi de Dieu et de la fatalité.
Qui est-il ?

Le médecin

350/ L'encyclopédie de l'homme je suis.
Qui suis-je ?

La mémoire

351/ La porte du monde je suis.
Chacun me franchit pour vivre sa vie.
Qui suis-je ?

Le vagin

352/ Je suis la dernière porte que vous ouvrez dans l'aventure de votre vie.
Qui suis-je ?

La mort

353/ Un sentiment je suis.
Tel un ballon gonflé de vent, lorsque l'on me pique, une tempête se déchaîne.
Qui suis-je ?

L'amour-propre

354/ Je suis épuisable, mais je suis une source de liberté inépuisable.
Avec moi tout est facile, sans moi tout est difficile.
Qui suis-je ?

L'argent

355/ Il est le seul mammifère marin à pouvoir prétendre au trône de France.
Qui est-il ?

Le dauphin

356/ Il a six faces mais il n'a pas de tête.
Il a douze arêtes mais ce n'est pas un poisson.
Il a huit sommets mais ce n'est pas une chaîne de montagne.
Il tombe toujours par hasard à l'endroit même où on l'a jeté.
Qui est-il ?

Le dé

357/ Il est un diplôme français qui permet de lutter contre le trafic de drogues aux États-Unis.
Qui est-il ?

D.E.A
(Diplôme d'Études Approfondies en France/Drug Enforcement Administration aux États-Unis)

358/ Lorsqu'on l'a déposé au commissariat de police, elle ne peut pas s'empêcher de faire le tour de la pièce en continu.
Qui est-elle ?

La plinthe
(la plinthe/la plainte)

359/ Depuis qu'il sait qu'il ne sera jamais fait or, il plombe l'ambiance.
Qui est-il ?

Le plomb

360/ Je me cache dans l'arbre et j'ai la forme de son tronc.
Qui suis-je ?

La barre
(anagramme d'arbre)

361/ Il est le fromage le plus connu et le plus reconnu des aveugles.
Qui est-il ?

Le gruyère
(grâce aux trous)

362/ Pour l'homme, entre elle et sa femme, c'est le jour et la nuit.
Qui est-elle ?

Sa maîtresse

363/ Pour trouver le nom de cette sensation très recherchée, il vous suffit de cuisiner un œuf au riz.
Quelle est-elle ?

L'euphorie
(L'œuf au riz)

364/ Contraignantes mais très utiles, elles nous obligent à avoir en permanence deux verres, quand on conduit, en cas de contrôle de police.
Qui sont-elles ?

Les lunettes
(verres correcteurs de vue)

365/ Avant l'intervention justifiée des féministes, il était la seule distinction entre madame et mademoiselle.
Qui est-il ?

Monsieur

366/ Elle nous sert à tuer, à fumer et même à écrire.
Qui est-elle ?

La cartouche
(cartouche d'arme/cartouche de cigarettes/cartouche d'encre)

367/ On ne la quitte pas des yeux sur les champs de courses, mais c'est bien au Kazakhstan que vous trouverez son nom, haut en couleur.
Qui est-elle ?

La casaque
(casaque de jockey/Kazakh)

368/ S'il vous manque notre premier indice, vous êtes cinglé.
Notre second indice embellit les jambes des femmes.
Notre solution est un quartier arabe.
Qui est-elle ?

La casbah
(casse/bas)

369/ Elle est le noble art du prêt-à-porter.
Qui est-elle ?

La Haute couture

370/ Dès qu'on la nomme, on sait que l'on va se prendre des heures de colle.
Qui est-elle ?

L'école
(les colles)

371/ Notre premier indice est fou pour une femme.
L'odeur de notre second indice est persistante à la piscine.
Notre solution est une tradition populaire.
Qui est-elle ?

Le folklore
(folle/chlore)

372/ Je suis le mal que les lèche-culs du monde entier redoutent le plus.
Qui suis-je ?

L'hémorroïde

373/ Il est un homme aimant qui travaille de ses mains.
Qui est-il ?

Le magnétiseur

374/ Il est un homme né pour palper. Et c'est bien connu : qui naît pour palper, palpera bien pour bien palper.
Qui est-il ?

(kiné/qui naît)
Le kiné

375/ Elle est une prise qui ne peut se faire que sur la planète Terre.
Qui est-elle ?

La prise de terre

376/ Tous les passionnés de grammaire se posent toujours la même question avec lui : mais où est-il donc ?
Qui est-il ?

(mais ou et donc or ni car)
Ornicar

377/ Elle est une pièce d'artillerie qui cause systématiquement des torticolis aux hommes.
Qui est-elle ?

Le canon

378/ Elle est une peinture écrite.
Qui est-elle ?

La poésie

379/ Ce policier américain est un vrai prince dans les pays arabes.
Qui est-il ?

Le shérif
(chérif/shérif)

380/ Ces Français se cachent tout autour des arbres.
Qui sont-ils ?

Les Corses.
(L'écorce)

381/ Le Corse est le seul à pouvoir vous aider à trouver ce vêtement à couper le souffle.
Qui est-il ?

Le corset
(le corse est)

382/ Il est le seul manuscrit au monde à pouvoir prétendre d'avoir été écrit avec le cœur.
Qui est-il ?

L'électrocardiogramme

383/ N'ayant ni début ni fin, vous la trouverez entre toujours et jamais.
Qui est-elle ?

L'éternité

384/ Je suis un prénom qui commence par la lettre R et qui finit par la lettre V.
Qui suis-je ?

Hervé
(R V)

385/ Tu ne pourras trouver la marque de cette montre que si tu dors.
Qui est-elle ?

Tudor.

386/ Je suis un adjectif qui se cache dans un courrier électronique odieux.
Qui suis-je ?

Mélodieux
(mail odieux)

387/ Notre premier indice est un scooter.
Notre second indice est à lui.
Notre solution est un empereur.
Qui est-il ?

Vespasien
(vespa/sien)

388/ Il est le seul poulet au monde que l'on n'achète pas mais que l'on loue.
Qui est-il ?

Le poulet Loué

389/ Je ne suis que la moitié d'un grand et pourtant je passe d'un pays à l'autre.
Qui suis-je ?

Le migrant
(mi/grand)

390/ Elle est l'année de la bière du XVIIème siècle.
Qui est-elle ?

1664

391/ Elle est une marque de sport qui peut rapporter gros.
Qui est-elle ?

(Lotto marque italienne)
Le loto

392/ C'est entendu : avec ce péché, vous êtes en vie.
Qui est-il ?

L'envie

393/ Ce sont vos deux seins qui vous révéleront le nom de ce docteur.
Qui est-il ?

(mes deux seins)
Le médecin

394/ De toutes les expressions de la langue française, elle est sans doute la moins onéreuse.
Qui est-elle ?

Peuchère

395/ Ce n'est pas un remède de cheval, c'est un virus de cheval.
Qui est-il ?

Le cheval de Troie

396/ Plus il est chaud, plus il est frais.
Qui est-il ?

Le pain

397/ Cherchez un confit dans le ciel, et ce mot qui doit rester secret vous sera révélé.
Qui est-il ?

Confidentiel
(confit dans ciel)

398/ Prends ton dîner au sein même de la ville de Meaux, et tu permettras à une belle mécanique de répandre la lumière.
Qui est-elle ?

La dynamo
(dîne à Meaux)

399/ Cet homme a perdu la main depuis qu'il vit dans la Manche.
Qui est-il ?

Le Manchot

400/ Les photocopieurs ont besoin de sa foudre pour fonctionner.
Qui est-il ?

Le toner
(tonnerre)

401/ Cette partie du corps humain vit en Thaïlande.
Qui est-elle ?

La taille
(Thaï)

402/ Son poids n'arrive jamais tôt.
Qui est-elle ?

(tard)
La tare

403/ Cette vieille voiture ressemble à une morue.
Qui est-elle ?

(tacaud/autre nom de la morue)
Le tacot

404/ Elle est une région de Mongolie qui permet de muscler les fessiers.
Qui est-elle ?

(appareil de musculation de step)
La steppe

405/ Pour trouver le nom de ce pouvoir, il te faudra tuer l'if.
Qui est-il ?

(exécutes if)
L'exécutif

406/ De tous les éléments du monde, il est sans doute celui qui souffre le plus.
Qui est-il ?

(élément soufre)
Le soufre

407/ Ce métal ne fait pas un pli, c'est certain.
Qui est-il ?

Le fer à repasser

408/ Ce sont les fleurs de lys qui vous conduiront jusqu'à cet objet qui permet à l'humanité de s'élever.
Qui est-elle ?

L'hélice
(les lys)

409/ Il est un objet qui illumine notre avenir.
Qui est-il ?

Le voyant

410/ Paul MacCartney et Mick Jagger vont révèleront le nom de celle qui fait constamment débat.
Qui est-elle ?

La polémique
(Paul et Mick)

411/ Lorsque l'on est jugé par lui, la qualité du jugement s'en ressent forcément.
Qui est-il ?

Le défaut
(Jugé par défaut)

412/ Transformez-vous en Anglais et notre premier indice vous sera révélé.
Cet enfant qui nous est tous familier, vous révélera notre deuxième indice.
C'est la vie qui vous révélera notre troisième indice.
Notre solution est un pays.
Qui est-il ?

La Yougoslavie
(You/gosse/la vie)

413/ Il est un livre dont l'intrigue s'étend sur deux ans, neuf mois et un jour.
Qui est-il ?

Le conte des Mille et Une Nuits

414/ On ne peut que faire corps avec cette horloge.
Qui est-elle ?

L'horloge biologique

415/ De tous les lamas du monde, il est sans doute le plus spirituel.
Qui est-il ?

Le dalaï-lama

416/ Notre premier indice a le sens du goût.
Notre deuxième indice est un document très court.
Notre troisième indice tourne.
Notre quatrième indice est dessiné par la charrue.
Notre solution est une région de France.
Qui est-elle ?

Languedoc-Roussillon
(Langue/doc/roue/sillon)

417/ Il est l'ascenseur emprunté exclusivement par les ambitieux.
Qui est-il ?

L'ascenseur social

418/ Ce champignon rouge vous fera ressentir l'ivresse s'il n'est pas consommé avec modération.
Qui est-il ?

(le cèpe/marque de vin de table)
Le cep vermeil

419/ Tant que vous consommerez de l'alcool avec elle, tout ira bien.
Qui est-elle ?

(avec modération)
La modération

420/ Elle est le phare de l'intelligence qui éclaire à la fois le bien et le mal.
Elle est la voix de Dieu qui s'exprime à travers nous.
Elle est notre tribunal personnel qui juge chacun de nos actes.
Qui est-elle ?

La conscience

421/ Elle est une brève folie qui nous possède.
Très mauvaise conseillère, les conséquences qu'elle cause sont souvent supérieures aux causes qui l'ont engendrée.
Qui est-elle ?

La colère

422/ Petit pour l'homme, il est grand pour l'humanité.
Qui est-il ?

Le pas

423/ L'homme de caractère se réalise en la surmontant.
Elle augmente à mesure que l'on approche du but.
Qui est-elle ?

La difficulté

424/ Le général G. Patton disait d'elle, que son objet n'était pas de mourir pour son pays, mais de faire en sorte que le salaud d'en face meure pour le sien.
Qui est-elle ?

La guerre

425/ Elle est en querelle perpétuelle avec la beauté.
Elle est aussi vicieuse que vertueuse.
Sa ceinture est toujours bien attachée.
Qui est-elle ?

La chasteté

426/ Plus il se fait attendre, plus son supplice est terrible.
Qui est-il ?

Le châtiment

427/ Ce gosse qui a abusé du soleil est le seul à pouvoir vous révéler le nom de cette musique.
Quelle est-elle ?

Le gospel
(gosse pèle)

428/ Qu'elle soit un avantage ou un inconvénient, avec elle, vous êtes connu de ceux que vous ne connaissez pas.
Qui est-elle ?

La célébrité

429/ Pour lui, le coq lui-même pond.
Aimé des dieux, si on le jette dans le fleuve, il remontera avec des poissons dans la bouche.
Il est celui qui arrive à tout, à l'opposé de celui à qui tout arrive.
Qui est-il ?

Le chanceux

430/ Si la peinture est l'art du dessin, lui, il est l'art de la parole.
Qui est-il ?

Le chant

431/ Elle tend la main à celui qui tombe.
Elle est aveugle devant les fautes.
Elle n'est jamais aussi vertueuse que lorsqu'elle est un vrai sacrifice.
Dieu est aveugle à celle qui ne coûte pas un fils.
Qui est-elle ?

La charité

432/ Sa vie est si rose que ses yeux en sont devenus vert bouteille.
Qui est-il ?

L'alcoolique (cirrhose/foie)

433/ De toutes les pâtisseries du monde, elle est la seule à s'inscrire dans la durée.
Qui est-elle ?

Ladurée
(*pâtisserie du même nom*)

434/ Elle est un petit oiseau que des millions de gens écrasent d'une main, après avoir bu son sang chaque jour.
Qui est-elle ?

La canette
(*boisson/oiseau petite cane*)

435/ Avec lui, c'est la promotion petit four.
Qui est-il ?

Le canapé

436/ Elle est la seule marque au monde avec laquelle on peut marquer une pause dans une phrase.
Qui est-elle ?

Nike
(*la virgule, emblème de Nike*)

437/ Elle est la seule ligne de votre fiche de paie qui puisse aider à conquérir l'espace.
Qui est-elle ?

L'ISS
(*Indemnité de Sujétion Spéciale*)

438/ Il est le seul fromage au monde à être élu au suffrage universel direct.
Qui est-il ?

Le camembert Président

439/ Elle est la seule planète du système solaire qui gouverne le ciel et la Terre.
Qui est-elle ?

Jupiter

440/ Elle est aussi utile au diagnostic du médecin qu'au serrurier.
Qui est-elle ?

(ouvrir une porte à l'aide d'une radio)
La radio

441/ Il est le seul lieu au monde où les sans-abris peuvent faire leurs flexions sur les jambes tranquilles.
Qui est-il ?

(to squat en anglais = s'asseoir sur les talons)
Le squat

442/ Une Citroën C1 de contrefaçon vous révélera le nom de cet ancien habitant de Marseille.
Qui est-il ?

(fausse C1)
Le Phocéen

443/ À l'entendre, cet outil est une vraie convocation.
Qui est-il ?

(l'appel)
La pelle

444/ Son raisonnement est toujours issu d'une soustraction.
Qui est-elle ?

La déduction

445/ Il est le seul pays au monde où le bol est vivant.
Qui est-il ?

La Bolivie
(bol y vit)

446/ De tous les organismes chargés des logements sociaux, il est sans doute le plus obscur.
Qui est-il ?

L'OPAC
(obscur/opaque)

447/ Seule votre mère pourra vous révéler le nom de cet homme politique.
Qui est-il ?

Mamère
(Noël Mamère)

448/ Lorsqu'on les a, les jeux sont faits et rien ne va plus. Mais lorsqu'on les a, on a peur.
Qui sont-ils ?

Les jetons
(avoir les jetons/avoir peur)

449/ Mate ce qui peut te mouiller, et tu trouveras le nom de ce marin.
Qui est-il ?

Le matelot
(mate l'eau)

450/ Entre un car plein de gens qui croient en dieu et un car plein de gens qui ne croient pas en dieu, choisissez le bon et vous trouverez le sport que vous recherchez.
Quel est-il ?

*Le karaté
(car athée)*

451/ Que vous soyez obèse ou pas, il est sans nul doute le régime le plus contraignant du monde.
Qui est-il ?

La dictature

452/ À les entendre, ces fruits ont des oreilles.
Qui sont-ils ?

*Les mûres
(les murs ont des oreilles)*

453/ Il est le seul homme de l'Histoire à avoir eu une queue de cheval.
Qui est-il ?

*Le centaure
(créature mythologique mi-homme mi-cheval)*

454/ Elle est la ville préférée des trois plus gros constructeurs automobiles américains.
Qui est-elle ?

*Détroit
(des trois)*

455/ Notre premier indice est la boîte la plus chaleureuse qui soit. Avec notre second indice, vous obtenez la troisième meilleure note.
Notre solution est un insecte sociétal.
Qui est-elle ?

La fourmi !
(four/mi)

456/ Il est un homme, qui avec l'expérience, peut se fier à ses impressions.
Qui est-il ?

L'imprimeur.

457/ Ma corde est de tous les assauts.
Qui suis-je ?

Le lasso
(lasso/l'assaut)

458/ À l'entendre, tout ce qu'il y a de mauvais en ce monde est possédé par cet individu de sexe masculin.
Qui est-il ?

Le mal
(mal/mâle)

459/ Pour cette science, le temps c'est de l'argent.
Qui est-elle ?

La météo

460/ Il est un x-man, issu d'une grande école française.
Qui est-il ?

*Le polytechnicien
(l'École polytechnique, dite « X »)*

461/ On peut rire de tout, du moment que cela leur arrive à eux.
La chance ou la malchance n'arrivent pas qu'à eux.
L'enfer c'est eux.
Qui sont-ils ?

Les autres

462/ Elle est une crème qui flatte autant qu'elle hydrate.
Qui est-elle ?

La pommade

463/ On se rend à notre premier indice pour danser.
Notre deuxième indice est l'oncle des États-Unis d'Amérique.
Notre troisième indice est la principale difficulté d'une affaire qui a le hoquet.
Notre solution est un adjectif qui sent le vinaigre.
Qui est-elle ?

*Balsamique
(bal/Sam/hic)*

464/ Elle est cette partie de l'oie qui nous fait réaliser le temps qui passe.
Qui est-elle ?

La patte d'oie

465/ Son histoire pourrait se résumer en trois actes.
Il se lance, il part et il revient.
Qui est-il ?

Le boomerang

466/ Chaque fois qu'un policier ou un magistrat commande ce pichet de vin, il se corrompt lui-même.
Qui est-il ?

Le pot-de-vin

467/ Anxieuse et angoissée, elle est souvent cruelle.
Qui se nourrit d'elle, risque de mourir de faim.
Qui est-elle ?

L'attente

468/ Il est le seul lit au monde sur lequel on peut s'empaler.
Qui est-il ?

Le pieu

469/ Elle est une petite fille qui reste souvent en carafe à l'heure du repas.
Qui est-elle ?

La fillette
(bouteille de vin lyonnaise de 29 cl)

470/ Il est un meuble qui fait de l'ombre à la liberté des criminels.
Qui est-il ?

Le placard

471/ Associez de la merde et de l'eau, et vous obtiendrez cette douceur tant recherchée.
Qui est-il ?

Le cacao
(caca/eau)

472/ C'est l'ex du Lyonnais qui vous révélera le nom de ce pays.
Qui est-il ?

La France
(l'ex à gone/l'Hexagone : gone désigne un Lyonnais)

473/ Ce félin efféminé se nourrit exclusivement de jeunes hommes.
Qui est-il ?

La cougar
(femme cougar)

474/ Pour trouver le nom de ce grand homme américain, il vous faudra trouver un homme svelte aux cheveux roux.
Qui est-il ?

Roosevelt
(roux svelte/Franklin Roosevelt)

475/ De tous les moyens de paiement, ce sont ceux qui vous conduiront inévitablement vers la défaite.
Qui sont-ils ?

Les chèques
(l'échec)

476/ Il est le lieu le plus déterminant dans une élection.
Qui est-il ?

La campagne

477/ Pour trouver le nom de cet animal, la première personne du pluriel doit bien viser.
Qui est-il ?

(nous visons)
Le vison

478/ Si tu trouves le nom de cet animal, tu auras tout.
Qui est-il ?

(t'as tout/petit mammifère d'Amérique)
Tatou

479/ Pour trouver le nom de cette ville française, vous devrez simplement montrer votre œil.
Qui est-elle ?

(montrez œil)
Montreuil

480/ Tu auras un marin si tu trouves le nom de ce singe.
Qui est-il ?

(t'as marin/tamarin, petit singe d'Amérique du sud)
Le tamarin

481/ En avril, cet animal devient vite une farce.
Qui est-il ?

(poisson d'avril)
Le poisson

482/ Il est le plus fainéant des animaux de la Terre.
Qui est-il ?

(petit mammifère arboricole d'Amérique du Sud)
Le paresseux

483/ Cet animal en voie de disparition a permis à Fiat de vendre des millions de voitures.
Qui est-il ?

Le panda
(*Fiat Panda*)

484/ Quoiqu'il arrive, il est un animal qui permettra toujours aux militaires de s'entendre.
Qui est-il ?

Le morse

485/ Le nom de cet être vivant très pointu vous sera révélé lorsque l'ours accèdera à la sainteté.
Qui est-il ?

L'oursin
(*ours saint*)

486/ Ce sont vos anges qui vous aideront le mieux à trouver le nom de cet oiseau.
Qui est-il ?

La mésange
(*mes anges*)

487/ Il est un animal qui a l'œil pour choisir une bonne assurance.
Qui est-il ?

Le lynx
(*les Assurances du Lynx/avoir un œil de lynx*)

488/ Ce juge a toujours ses frangines à ses côtés durant les audiences.
Qui est-il ?

L'assesseur
(a ses sœurs)

489/ Si elle avait pu être un homme, elle serait un oncle.
Qui est-elle ?

La tante

490/ Il peut tout voir sauf lui-même.
Qui est-il ?

L'œil

491/ Si vous avez confiance en lui, vous inspirez la confiance nécessaire pour conduire le monde.
Qui est-il ?

Vous-même

492/ Elle est l'île de la deuxième note.
Qui est-elle ?

L'île de Ré

493/ Le frère jumeau de la mort, il est.
Son excès fatigue, tant il faut le pratiquer avec modération.
Qui est-il ?

Le sommeil

494/ Elle est une escroquerie qui se monte autour d'une loupe. Quelle est-elle ?

L'entourloupe.
(Entoure loupe)

495/ Le silence est son univers. L'œil est son oreille. Qui est-il ?

Le sourd

496/ Je ne suis pas une vraie ville mais je suis une vraie tombe. Qui suis-je ?

La fosse commune
(fausse ville/fausse commune)

497/ Par définition, dans cette région de France, l'eau est reine. Qui est-elle ?

La Lorraine
(l'eau reine)

498/ Elle est une région de Russie où le loup ne peut pas s'empêcher de râler. Qui est-elle ?

L'Oural
(loup râle)

499/ Cherchez les six Troyens qui n'ont plus d'air, et vous trouverez ces gens qui ont des droits et des devoirs. Qui sont-ils ?

Les citoyens
(plus d'R/six T_Oyens)

500/ Pour trouver le nom de cet ancien Russe, il vous faudra juste un seau vietnamien.
Qui est-il ?

Un soviet
(seau viet)

À PROPOS DE L'AUTEUR

L'auteur est un officier de police judiciaire en activité. Il a entrepris de constituer, en marge de sa profession et au fil des ans, des énigmes à résoudre, comme lui-même est amené à en résoudre dans ses fonctions d'investigations policières quotidiennes.

C'est un esprit de déduction logique, servi par la perspicacité et l'attrait de la chose cachée, qui guide l'auteur dans la construction des énigmes qu'il nous propose.

Il les veut savoureuses, gourmandes et riches d'à-propos, avec un fort caractère ludique qui ravira les jeunes et les moins jeunes. Un univers très éloigné de sa pratique professionnelle, qui l'inspire néanmoins à faire briller les mots et les idées loin des laideurs du monde qu'il côtoie.

Pendant ses temps de repos et de loisirs, Farid Tatem a écrit sur plusieurs années des milliers d'énigmes qu'il compte nous livrer au fil de la parution de ses ouvrages.